Los Templos Brahmasthanam

Templos que marcarán una época

Sri Mata Amritanandamayi

Mata Amritanandamayi Center, San Ramon
California, Estados Unidos

Los Templos Brahmasthanam – Templos que marcarán una época
por Sri Mata Amritanandamayi

Traducido por: Patricio Hernández

Publicado por:

Mata Amritanandamayi Center
P.O. Box 613
San Ramon, CA 94583
Estados Unidos

————— *The Brahmashtanam (Spanish)* ———

Primera edición por MA Center: septiembre de 2016

En España: www.amma-spain.org

En la India:

inform@amritapuri.org
www.amritapuri.org

Contenido

Prefacio

En el templo se asienta realmente la tradición cultural de la India. La mayoría de las artes y de las ciencias que se han desarrollado en esa gran tierra se originaron en los templos, y de ellos se han alimentado a lo largo de los últimos siglos. Si bien durante el periodo védico no existieron templos, sin embargo el concepto del templo ya aparece descrito en los mismos Vedas.

> *"Oh Señor, ven y manifiéstate en esta estatua, toma asiento en ti mismo. Permite que esta imagen se transforme en tu cuerpo."*
>
> —Atharvana Veda

> *"La bella imagen de Vishnu de ojos y rostro alegres, debe ser adorada, reverenciada y objeto de devoción y meditación."*
>
> —Taittiriya Samhita

Muchas otras referencias similares aparecen en los Vedas.

Aunque en esta época moderna el pensamiento materialista se ha erigido en el reino supremo del saber, la influencia que ejercen los templos en la vida social y personal de la gente sigue, no obstante, manteniéndose viva. Amma ha afirmado que la atmósfera del templo, repleta de vibraciones de pensamiento divino, otorga consuelo y sosiego a los que viven atrapados en el calor abrasador de la vida mundana, al igual que un árbol ofrece su sombra a todos los viajeros cansados de caminar bajo los ardientes rayos del sol. El templo actúa como un gurú compasivo o como una madre amorosa, pues al igual que ellos favorece el crecimiento espiritual y la prosperidad material del individuo y de la colectividad.

El templo se concibió como un medio para propiciar la realización de la divinidad innata que existe en cada ser individual. Son innumerables las grandes almas nacidas en esta tierra para quienes la adoración en el templo se convirtió en la puerta de acceso para alcanzar la Realización del Ser. Amma nos dice que los templos y las imágenes sagradas desempeñan un utilísimo papel para ayudar a la gente a avanzar hacia la realización de la suprema Verdad no dual, son comparables a las imágenes de colores que utilizamos para enseñar a los niños cómo es el mundo.

El edificio del templo, así como toda su estructura, desde la torre hasta el *sanctum sanctorum*, representan el cuerpo físico y sutil del ser humano, mientras que la deidad del templo equivale a la Divina Consciencia dentro de la individualidad. Tal como aparece descrito en el Kularnava-tantra: "Deho devalaya prokto jeevo deva Sadasiva." [El cuerpo es el templo y el Ser individual (*Jeevatna*) que habita en su interior es el Supremo (*Sadasiva*)]. Por ello, Amma afirma que el templo es el espejo en el que podemos contemplarnos a nosotros mismos.

El principio esencial de la adoración que tiene lugar en el templo puede resumirse del siguiente modo: después de invocar y conseguir incrementar el poder divino, ya sea a través del recitado de mantras, de mantener vivo el recuerdo de Dios y de otras prácticas espirituales (*sahdanas*), el devoto (*bhakta*) consagra a Dios su mente, su intelecto, su ego y también su cuerpo constituido por los cinco elementos básicos. A medida que repite esta ofrenda, el devoto se va transformando gradualmente y por sí mismo en la verdadera imagen de Dios. No obstante, hay que reconocer que por una falta de comprensión de estos principios elementales y básicos del culto, los templos actuales no contribuyen, por lo general, al crecimiento del individuo ni de la sociedad, tal como podrían llegar a hacerlo. Es más, en nuestra época actual todo lo que gira en torno a los templos se ha transformado en algo decadente, pues el culto se realiza desvinculado de los principios de la espiritualidad, la adoración resulta insincera, y las celebraciones que deberían estimular la reflexión y una adecuada conducta, sólo consiguen encaminar a la gente en dirección opuesta a la espiritualidad. Lamentablemente vivimos en una época en la que se está produciendo un grave deterioro de la devoción y de la meditación en Dios. En la actualidad, la gente sólo reza para conseguir que se cumplan sus deseos, olvidan el carácter desinteresado de la fe y no se percatan de que precisamente es la devoción a Dios la que produce todas las manifestaciones de bienestar espiritual y material. Según dice Amma, en lugar de *prema bhakti* (devoción pura), lo que domina actualmente es *kamya bhakti* (devoción con un motivo). Por esta razón, el culto que se realiza actualmente en el templo es inadecuado, incluso para la erradicación de los sufrimientos provenientes del *prarabdha* (el resultado de acciones pasadas que se manifiestan en el presente).

Los Templos Brahmasthanam

Para remediar la situación actual, Amma ha establecido los templos Brahmasthanam y los ha concebido con la finalidad de poder practicar una nueva forma de culto. Amma se ha propuesto como objetivo erradicar el sufrimiento en la vida de los seres humanos, promoviendo un tipo de culto que se fundamenta en los principios esenciales de la espiritualidad. El culto en los templos Brahmasthanam se centra en la importancia del amor inegoísta hacia Dios, en el valor del culto y de los ritos practicados individualmente y en el poder especial de los *yagnas congregacionales (culto colectivo). La creación de estos nuevos templos constituye un claro exponente del rejuvenecimiento de la gran tradición templaria de la India.*

El Concepto Sobre el que se Asienta el Origen de los Templos Brahmasthanam procede de la divina intuición de Amma, interesada por encontrar un medio para enseñar a la gente cómo practicar la adoración, de modo que pudieran alcanzar el estado de la Realización del Ser, en lugar de dedicarse permanentemente al culto de las imágenes. Amma nos enseña que todo el bienestar material y espiritual llegará a aquellos devotos que realicen su culto sin ningún deseo egoísta. Ella también nos dice que deberíamos esforzarnos por ver al único Dios detrás de todas las formas aparentes. Cada uno de los templos Brahmasthanam contiene una *pratishta* (*murti* o imagen de Dios) no convencional, que representa gráficamente este principio de la unidad en la diversidad: una piedra de cuatro caras con una imagen diferente de Dios en cada uno de sus lados. Tres de sus caras contienen las formas de Devi, Siva y Ganapathi, respectivamente; mientras que en la cuarta está grabada la imagen de una serpiente que representa simultáneamente a Muruga[1] y a Rahu[2]. Con la creación de esta pratishta única se abre un nuevo capítulo en la historia del culto que se realiza en los templos.

Además de representar el principio de unidad en la diversidad, las cuatro imágenes también pueden simbolizar cada una de las etapas del camino espiritual del aspirante. La imagen de Devi representa Parashakti, el supremo poder de Dios, por cuya gracia somos inicialmente atraídos hacia el sendero espiritual. La imagen de Shiva representa el aspecto no dual de lo Supremo que purifica a los aspirantes de sus pecados y les confiere la capacidad de renunciación y discriminación. La imagen del Señor Ganesha representa aquel aspecto de Dios que elimina los obstáculos en el sendero que sigue el aspirante, y la serpiente

---

[1] El segundo hijo de Shiva y Parvati.

[2] El planeta fragmentario en la astrología védica.

representa la Kundalini Shakti, el poder de la serpiente que permanece inactiva en el chacra *muladhara* (raíz), pero que puede despertar gracias a la práctica espiritual y avanzar hasta llegar, finalmente, al chacra *saharara* (corona) para, una vez allí, unirse con el Absoluto, culminando en la Realización del Ser.

A fin de resolver las dudas que se plantean algunas personas sobre si este nuevo tipo de pratishta se apoya en las *Sastras* (Escrituras), Amma da una respuesta detallada en este libro. Nos explica claramente que la base sobre la que se sustenta toda la doctrina referida a los templos procede de la *sankalpa* (la intuición y decisión) de los mahatmas. Son por tanto las experiencias, las acciones y las palabras de los mahatmas las que han sido desarrolladas y concretadas en las *Sastras*. El único objetivo de tales mahatmas, verdaderos océanos de compasión, es el bienestar y la prosperidad de las personas, por lo que cada una de sus

12

acciones se encamina a alcanzar dicha meta.
Amma también señala que la *sankalpa* del
acharya (preceptor) que instala la imagen hace
posible que, desde el mismo momento de la
colocación del *murti* (imagen de Dios) en el
templo, se origine en él el brillo de la omnipresente Consciencia Bráhmica. Precisamente
la incomparable grandeza de la creación de
los Brahmasthanam procede de la poderosa
sankalpa de Amma.

Del mismo modo que los mantras son
infundidos en *yantras* metálicos (diagramas
místicos), y al igual que el gurú transmite
poder espiritual al discípulo, el *Acharya* (preceptor) que coloca la deidad del templo debe
despertar en esa imagen la Consciencia divina.
Por consiguiente, sólo aquel que ha logrado el
dominio del *prana* cósmico (fuerza de la vida),
tanto interna como externamente, es el que
puede llevar a cabo la *pranapratishta* (ceremonia para infundir prana dentro de la deidad).

Según las palabras de Amma: "No deberían colocar imágenes en el templo aquellos que ni tan siquiera pueden controlar su propio prana, sólo deberían hacerlo aquellos que sean capaces de imbuir en la imagen su pranasakthi, y otorgarle poder espiritual." La importancia de esta enseñanza puede ser valorada adecuadamente, si examinamos la historia de los templos de la India. Antiguamente, la consagración de los templos se llevaba a cabo por *tapasvis* (ascetas), quienes eran capaces de infundir en las piedras la Consciencia divina, gracias a sus logros espirituales. Las imágenes divinas (murtis) que colocaban no eran meras piedras, sino luminosas imágenes de divina efulgencia que, incluso hoy en día, siguen conservando su gran poder de atracción.

Las samuha grahadosha santi pujas en los Templos Brahmasthanam

Pujas congregacionales para contrarrestar las influencias negativas de los planetas

De acuerdo con la doctrina del karma, cada acción que realizamos produce dos resultados. El primero, llamado *drishta*, es inmediato y concreto, mientras que el segundo, denominado *adrishta*, es sutil y latente. El *adrishta* permanecerá en el cuerpo sutil del hacedor hasta el momento oportuno de su manifestación, ya sea como una feliz o como una dolorosa experiencia en la vida de esa persona. El *adrishta* correspondiente a las buenas acciones de nuestro pasado se presentará como una feliz experiencia, en tanto que el *adrishta* de las malas acciones se manifestará como una dolorosa experiencia. Los astrólogos han comprobado que las experiencias dolorosas, ya se trate de muertes súbitas, dificultades

económicas, problemas conyugales u otras
dificultades de la vida, suelen aparecer, en la
mayoría de los casos, coincidiendo con los
periodos de tránsito y conjunción de los planetas *Sani* (Saturno), *Rahu* (planeta fragmentario)
y *Chovva (Marte) en la carta astrológica de cada
persona en particular.*

Amma ha dedicado su vida a disipar el
sufrimiento de la humanidad y ha escuchado personalmente los lamentos de miles de
personas durante estas dos últimas décadas.
Cuando Amma buscaba una solución para
aliviar el sufrimiento de la gente, surgió en Ella
la visión divina de los templos Brahmasthanam y un nuevo concepto de culto, concebido
específicamente para contrarrestar las negativas
influencias de Sani, Rahu y Chovva. Amma
ha comprobado la eficacia de esta nueva forma de culto mediante la observación de las
experiencias de miles de personas, que se han
dirigido a Ella en busca de orientación. Se ha

comprobado que todos aquellos que realizaron los rituales y las pujas recomendados por Ella, evitaron satisfactoriamente las desgracias anunciadas en sus cartas astrales, mientras que la mayoría de los que no practicaron los rituales prescritos, tuvieron que padecer las desafortunadas experiencias previstas en sus cartas astrales. Por tanto, después de observar la efectividad de estas nuevas pujas, Amma creó el primer templo Brahmasthanam, en abril de 1988, en Kodungallur, donde se celebraron por vez primera estas pujas congregacionales que, hoy en día, constituyen una parte sustancial de las actividades de cada uno de los templos Brahmasthanam.

Amma nos enseña que las ceremonias de culto colectivas son, por lo general, mucho más poderosas que las realizadas individualmente. No obstante, el devoto siempre puede realizar por sí mismo el culto, sin necesidad de contar con un sacerdote, lo que constituye una característica importante de este tipo de pujas. Además, estas pujas son siempre beneficiosas, pues nos permiten avanzar, tanto en el plano material como espiritual, aunque no estemos sometidos en un determinado momento a influencias planetarias negativas.

En los templos Brahmasthanam también se celebran otras pujas diarias dirigidas por los sacerdotes del templo, según lo establecido en las *Sastras* (Escrituras). Es importante reseñar que el culto en los templos Brahmasthanam se lleva a cabo por los brahmacharis de Amma, sadhaks sinceros que se esfuerzan intensamente por la Realización de Dios y cuyas vidas están dedicadas por entero al bienestar de la humanidad.

Miles de devotos han comprobado cómo sus vidas mejoraban y se transformaban al participar en estas pujas. Es más, han experimentado una corriente continua de acontecimientos que acaecían en sus vidas y que constituían un verdadero testimonio de las experiencias divinas recibidas. Entre estos acontecimientos, algunos lograban escapar milagrosamente de accidentes, superaban padecimientos crónicos, encontraban solución a sus dificultades económicas o problemas conyugales, se les otorgaba el nacimiento de algún nuevo hijo o mejoraban en su empleo, además de recibir otras bendiciones personales.

Las celebraciones anuales Brahmasthanam

La finalidad de las celebraciones del templo es la de ofrecer simultáneamente a un gran número de devotos la posibilidad de meditar en Dios. De este modo, al concentrarse y al incrementar conjuntamente el poder de la adoración, se otorga el máximo grado de elevación espiritual a todos los participantes, al tiempo que también se expanden las vibraciones divinas por las zonas circundantes.

Actualmente vemos, por el contrario, que
las celebraciones del templo suelen favorecer
únicamente pensamientos mundanos, y que
sus fondos se malgastan a menudo en indis-
criminadas representaciones artísticas que más
bien distorsionan el culto. Tales celebraciones
han producido un grave deterioro del poder
espiritual que caracteriza a los templos. Para
contrarrestar esta tendencia, Amma ha iniciado
en los templos Brahmasthanam una nueva clase de celebración, que atrae a un gran número
de personas interesadas en venerar a Dios y en
recitar los nombres divinos. De este modo se
ha conseguido promover una nueva cultura de
la *sadhana* (práctica espiritual) en la gente, y
que la atmósfera del templo y de las regiones
circundantes se cargue con las vibraciones de
los mantras divinos. Amma también nos da
un buen ejemplo al insistir en que el dinero
obtenido por los templos debe ser destinado
únicamente a actividades caritativas o bien a

proyectos que fomenten el cultivo de la verdad espiritual.

Actualmente Amma ha establecido templos Brahmasthanam en numerosas localidades de la India: Nueva Delhi, Mumbai, Chennai, Madurai, Puna, Thiruvananthapuram, Kodungallur, Kozhikode, Mysore, Tellicherry, Palghat (Palakkad), y fuera de la India en Isla Mauricio. Próximamente se abrirán nuevos templos Brahmasthanam en Ernakulam y Mananthavadi. A pesar de que en la India abundan los templos, sin embargo no es frecuente encontrar templos como los Brahmasthanam, instaurados por un mahatma y bendecidos por su continua presencia. Desde la instauración del primer templo en Kodungallur, estos templos han demostrado que son un faro de luz en la oscuridad del sufrimiento humano y de la ignorancia, y han conseguido atraer a miles de devotos de todas las castas y creencias.

Gracias a la creación de los Brahmasthanam, Amma ha logrado realizar al mismo tiempo numerosos y nobles objetivos. Al reformar el culto de los templos, que constituyen una parte sustancial de la cultura de la India, Amma ha preparado el camino para que miles de personas consigan elevarse material y espiritualmente. Ella ha infundido una nueva vida en la cultura espiritual de la India, dando consuelo a los sufrimientos de innumerables seres humanos, además de brindar la oportunidad a los devotos para que beban el néctar de la bendición espiritual, a través de la adoración que se sustenta en los principios verdaderos de la espiritualidad.

Este pequeño libro de Amma, responde, de manera racional y práctica, a muchas cuestiones relativas al culto del templo y a los templos Brahmasthanam. Será sin duda una luminosa guía para todos los que deseen conocer y comprender los principios verdaderos de la veneración que se hace en los templos, de modo que les permita avanzar con paso firme y seguro por el sendero de la Realización del Ser.

—Los editores

El Templo Brahmasthanam

Una nueva clase de templo para aliviar el sufrimiento del prarabdha

Hijos míos, aquellos que han conseguido el estado de la no-dualidad pueden realmente decir: "Nadie ha nacido, nadie ha muerto". Ellos han ido más allá de la consciencia del cuerpo y, consecuentemente, han logrado percibir que el Ser carece de nacimiento y muerte. Pero realmente, ¿cuántos han conseguido alcanzar ese estado? ¿No está acaso la mayoría de la gente inmersa en la consciencia del cuerpo? Las mentes de los que viven en el mundo material suelen ser débiles, pues desconocen la perfección de su verdadero Ser. Su interacción con el mundo les ciega, ocasionándoles una vida de sufrimientos. Si les explicas: 'Tú no eres el cuerpo, ni la mente, ni el intelecto' así como otras verdades del Advaita (la filosofía de la no-dualidad), les resultará difícil aplicar estas enseñanzas a sus propias vidas, serán incapaces de realizar grandes progresos. Todos los que viven en un plano material son incapaces de experimentar otra realidad que esté situada más allá de las propias palabras. Y aunque crean que la no-dualidad constituye la verdad, al vivir inmersos en lo mundano, no serán capaces de trasladar directamente estos principios a su vida real. Hijos, el Advaita es la verdad. En consecuencia, el camino de la no-dualidad sólo debería recomendarse si en la mente del individuo ya existe una base de receptividad adecuada. Es como si le explicáramos a un niño que llora por la herida que se ha hecho en un dedo: 'No llores, ya que tú no eres el cuerpo'. Con toda seguridad seguirá llorando sin parar. No obstante, la herida no cicatrizará, si sólo se dedica a llorar, pues para que cicatrice, deberá aplicarse algún ungüento. La espiritualidad actúa precisamente como ese ungüento.

Por lo general los seres humanos viven en la consciencia del cuerpo, por lo que se verán sometidos a padecer numerosas desdichas a lo largo de su vida. Según el momento del nacimiento, cada individuo tendrá que pasar a través de adversos *dasasandhis*. Estos son los periodos astrológicos, en los que cada uno tendrá que padecer el sufrimiento que corresponde a sus acciones pasadas, previas a su nacimiento. Amma se ha encontrado con más de un *crore*[3] de personas que han pasado por la experiencia de tales períodos, e incluso personas que en busca de paz mental se han desplazado en sus propios barcos y aviones con el fin de llegar hasta Amma. Cada una de estas personas posee su propia historia de sufrimientos. Amma conoce las desgracias que han tenido que padecer en cada *dasasandhi*, por ese motivo uno de los fines más importantes de los templos Brahmasthanam consiste en aliviar el dolor de

---

[3] Un crore equivale a diez millones.

todos aquellos que están experimentando el sufrimiento de su *prarabdha*.

Los templos Brahmasthanam cumplen también otra importante labor. Si nos preguntamos: ¿cuántos en este mundo poseen actualmente una verdadera fe en Dios?, comprobaremos que la verdadera devoción de la gente hacia los templos casi ha desaparecido, e incluso algunas personas han intentado destruirlos. Por tanto, si las verdades divinas se explican de un modo racional, la devoción y la fe se desarrollarán en la gente. Si podéis enseñar la esencia de la espiritualidad a los seres humanos, podréis provocar en ellos un cambio real. En consecuencia, cuando hayan entendido la finalidad de esta vida y el modo correcto de la práctica espiritual, estarán preparados para iniciar su viaje. Tal educación espiritual constituye otro de los motivos que Amma ha tenido en cuenta al establecer estos templos.

El mensaje de la Brahmasthanam Pratishta:

"Unidad en la Diversidad - Diversidad en la Unidad"

Hijos, si lanzáis una serie de objetos al fuego, ¿no se convertirán todos ellos en una simple sustancia llamada ceniza? De manera similar, en el fuego del conocimiento verdadero se consume toda la diversidad, revelando la unidad subyacente. En las diversas formas del mundo, debería ser percibida la unidad, pues el poder divino, que mora en el interior, es el mismo en todas y en cada una de las cosas. Cuando vemos una persona con ojos, nariz, manos y piernas, ¿pensamos que es un ser fragmentado en esa variedad de órganos o miembros, o más bien lo consideramos como una totalidad constituida por todas esas partes? De forma similar, deberíamos saber apreciar que, aunque cada cuerpo es percibido como una unidad separada, el Ser divino que actúa en todos ellos es siempre uno y el mismo. Sobre la base de este mismo

29

concepto se han concebido las pratishtas de los templos Brahmasthanam.

Brahmasthanam significa literalmente 'La morada de Brahman (lo Absoluto)'. Alguien podría preguntar, '¿no es acaso Brahman la omnipresente Consciencia? ¿cómo es posible que una Consciencia omnipresente pueda poseer una morada?' A estas preguntas, se podría responder: 'El Absoluto reside en todas partes o ¿acaso existe algún lugar que no sea la morada de la omnipresente Consciencia?' Precisamente para generar esta comprensión en la gente, se les ha dado a estos templos el nombre de 'Brahmasthanam'. Como quiera que el principio de lo Absoluto no suele ser fácilmente comprendido por la gente corriente, para ayudarles a entender que Brahman es la única realidad que subyace en todos los nombres y formas, se ha colocado en los templos Brahmasthanam una insólita pratishta, que contiene imágenes de cuatro deidades esculpidas sobre una única piedra de cuatro lados.

Cuando un fragmento de roca se extrae de una colina, se esculpe en ella la forma de la Madre divina y se coloca en Attukal, se transforma en 'Attukal Devi.' Un fragmento de piedra similar emplazado en Kodungallur se transforma en 'Kodungallur Amma'[4]. En otro lugar, esa misma piedra se transforma en Shiva. En todos estos casos, ¿no se trata de la misma piedra? ¿No es acaso la concepción del ser humano la que origina la única diferencia de nombres que existe entre ellas? De acuerdo con este principio, ¿por qué ha de resultar extraño si se tallan cuatro imágenes sobre una misma piedra? Algunos podrían llegar a decir: 'No hay nada parecido en el Tantra Vidya (ciencia del culto de los templos), ¿no va contra las *Sastras* (Escrituras) esculpir cuatro deidades sobre una misma piedra?' Lo que ocurre es que el Tantra

---

[4] Estos ídolos son famosos en el Sur de la India.

31

Vidya no sólo es diferente en cada lugar, sino que además ha sufrido modificaciones para adaptarse a las necesidades de cada época. Después de todo, ¿cuándo se originaron las *Sastras*? ¿Han sido las mismas en todos los períodos? ¿No son acaso las *Sastras* la recopilación de las enseñanzas y experiencias de los *mahatmas* (maestros espirituales)?

En la antigüedad no había templos, el corazón mismo era el templo. Los templos se originaron en épocas más tardías. En cada momento histórico, los mahatmas han concebido distintos tipos de pratishtas y modos de culto para guiar a la gente y ayudarles a progresar, de acuerdo con sus diferentes naturalezas.

Hijos, ¿Acaso no concebimos a Shiva y a Shakti como un único ser? Entonces, ¿por qué no pueden ser concebidas cuatro deidades como una sola? En algunas regiones puedes ver diferentes templos que fueron construidos sobre los diversos lados de una enorme roca. En uno de sus lados y sobre la roca puede aparecer esculpida una imagen de Shiva y en otro lado la imagen de Ganapathi. Aunque las imágenes hayan sido esculpidas sobre una única roca y representen distintas formas de la deidad, nosotros las observamos como diferentes a causa de nuestra propia imaginación, pues si bien las deidades pueden presentar variedad de formas, deberíamos considerar que todas ellas son en esencia la misma deidad. Eso es lo que se ha estado enseñando aquí, por tanto nosotros deberíamos ver las cuatro deidades de la pratishta del templo Brahmasthanam como los diversos rostros del Uno. En consecuencia, la pratishta transmite este mensaje: 'mira al Único en la diversidad, y a la diversidad en el Único'.

Al igual que presionando un único interruptor se pueden iluminar numerosas bombillas, en las pratishtas Brahmasthanam, cuatro 'luces' han sido conectadas a una misma fuente

33

y ha sido una única decisión[5] la que ha infundido energía vital en las cuatro deidades. ¿Si la energía es únicamente una, por qué motivo deberían estar las cuatro deidades en cuatro lugares distintos? ¿No requeriría cuatro veces más espacio su colocación separada? ¿No es acaso más importante la capacidad imaginativa de la mente, que los irrelevantes detalles estructurales de la pratishta?

Hijos, Dios no está confinado en la imagen, Él reside en nuestro corazón. Aunque nos miremos en un espejo para limpiar la suciedad de nuestros rostros, sabemos muy bien que nosotros no residimos dentro del espejo. Del mismo modo, la deidad del templo puede actuar como un espejo y permitir que a través de ella se refleje nuestro propio Ser, la Consciencia. Si bien Dios está en todas partes, es preciso utilizar un medio a fin de purificar

[5] En este caso la decisión adoptada por Amma cuando fue colocada la *pratishta*.

nuestras mentes. Lo que necesitamos es desarrollar nuestra *bhavana* (imagen o concepto) de Dios. Las figuras sagradas cumplen precisamente esa función. ¿No adoran algunos a una montaña como si fuera Dios? Lo que importa es la *sankalpa* (concepción) de cada uno. La pratishta en el templo Brahmasthanam refleja la sankalpa de Amma.

Los principios que sustentan la Imagen

En la pratishta del templo Brahmasthanam, las imágenes de Shiva, Devi, Ganapathi y *Nagam* (la serpiente) han sido esculpidas sobre los cuatro lados de la piedra. Las deidades primordiales son Shiva y Shakti, por lo que la pratishta en su globalidad representa la familia Shiva-Shakti, además de simbolizar el principio de la Naturaleza primaria o Mulaprakriti, que contiene al Universo entero. Shiva representa el aspecto de Brahman que nos purifica de todas las impurezas, pues solo Brahman puede eliminarlas. En la narración del Puranic, Shiva fue quien asumió los *prarabdhas* de los otros y los absorbió por sí mismo. Shiva es el filtro divino que recibe los *prarabdhas* y las impurezas de los seres humanos, convirtiéndolos por tanto en seres puros, y sin que lleguen a afectarle lo más mínimo las impurezas que disuelve en su interior. De hecho, Él podría salvar al mundo entero.

Otra parte de la sankalpa es Ganapathi que representa el aspecto de la Divinidad que elimina los obstáculos de nuestro sendero espiritual. *Nagan* (la serpiente) representa a Muruga y también posee el sankalpa de *Rahu*. *Nagan*, además, simboliza la Kundalini o Muladhara Shakti (el poder de la Divina Madre que permanece en estado latente en el chakra raíz del aspirante). Por tanto, el principio que rige esta imagen es la representación de la Kundalini que despierta, se eleva por la espina dorsal en forma de serpiente y, cuando todos los obstáculos ya han sido vencidos, se funde finalmente con el aspecto divino de Shiva, el aspecto de Brahman. Por tanto, la imagen simboliza el sendero que nos lleva a la unión de la *Jeevatman* (alma individual) con el *Paramatman* (el Ser Supremo).

Amma no desea que la gente permanezca sujeta a la adoración de las imágenes, el objetivo de Amma es lograr en ellos la Realización del Ser. Esta clase de imágenes han sido creadas para enseñar a la gente que las diversas formas del universo son realmente las diferentes facetas del Ser Único. Este conocimiento es esencial para todo aquel que busque la realización del Supremo, e igualmente también es importante para llevar a cabo la adoración de forma correcta. Dado que cada uno sólo puede ser elevado desde el nivel en el que se encuentre, debemos descender al nivel de cada persona, pues sólo entonces será posible elevarlos. Todo lo que hacemos es movernos de acuerdo con las necesidades de los seres humanos de esta época.

Hijos, la harina es una sustancia simple, que a unos les puede gustar tomarla en forma de pastel, a otros en la forma de pan, y otros la preferirán de otro modo. De igual manera Dios es uno, aunque cada ser individual tenga preferencia por una particular forma divina, y algunos prefieran a Shiva, otros a Devi, mientras que otros pueden sentir atracción por Krishna o Rama. Hay que dejar que cada uno vea su propio *Ishta Devata* (amada deidad) dentro de esta pratishta, y que realice su adoración con la actitud de que sólo existe un único Dios, que abarca, impregna y subyace en todos los nombres y formas.

No basta sólo con ir al templo, la sadhana también es necesaria

Dios es amable y compasivo. Pero únicamente podemos experimentarlo cuando nuestra mente sintoniza con la divinidad. Aunque tengamos una lámpara eléctrica en casa, ésta sólo puede dar luz cuando la encendemos. En nuestra sociedad actual, la gente acude al templo a ofrecer sus saludos uniendo sus palmas, a rezar por el cumplimiento de cada uno de sus deseos, a dar algún dinero como donativo, para, una vez concluidas estas acciones, abandonar el templo. Hijos, nosotros no deberíamos limitarnos a dar dinero y salir a continuación. Solemos ir al templo con cientos de problemas cotidianos en nuestra mente, permanecemos allí unos momentos y presentamos nuestros problemas; pero ni siquiera por un segundo nos acordamos de Dios. Tras recitar nuestra lista de problemas, nuestra siguiente preocupación se centrará en el calzado que hemos dejado en la puerta del templo, pues tememos que alguien pueda robarlo. A continuación nuestra mente pasará de inmediato a preocuparse por el autobús de regreso. Aunque estamos en el templo, no conseguimos ni por un momento pensar en Dios.

Hijos, no necesitáis contarle a Dios vuestros problemas cotidianos, por tanto, cuando estéis en el templo, recordad tan solo a Dios. Aunque tengamos que contarle todos los detalles al médico o al abogado para que puedan tratar la enfermedad adecuadamente o llevar el caso correctamente, no necesitamos hacer lo mismo con Dios. Él no precisa que se le cuenten todos los detalles, pues ya conoce nuestra mente. Para que toda tu estancia resulte fructífera, procura hacer *namajapa* (repetición del nombre de Dios) durante el tiempo que permanezcas en el templo.

En los templos, no basta sólo con dar dinero, lo que tampoco significa que no deba ser dado, ya que la caridad es esencial. Para llevar a cabo acciones correctas y evitar las incorrectas, debemos ser capaces de cultivar la pureza mental, como si preparáramos y abonáramos la tierra para su cultivo. Lo primero que tendremos que hacer es eliminar las malas hierbas y los rastrojos, y si además queremos obtener una buena cosecha, también tendremos que sembrar y dedicar todo nuestro esfuerzo. La mente se purifica a través del *nishkama karma* (acciones que realizamos sin mostrar deseo por sus frutos). Por tanto, sólo cuando hacemos nuestra *sadhana* con una mente pura, progresamos. Si realmente deseamos beneficiarnos a través de nuestras acciones desinteresadas, debemos dirigir el pensamiento hacia Dios durante nuestras plegarias. La mente se expandirá cuando llevamos a cabo acciones correctas, pero si además deseamos que el poder espiritual se desarrolle adecuadamente en nuestro interior, también debemos hacer *sadhana*. No basta con ir al templo, juntar las manos e irnos. Debemos tener la suficiente paciencia para permanecer allí durante diez minutos y recitar el nombre de Dios. Sólo aquellos que están dispuestos a hacerlo, lograrán realmente ser beneficiados. Hoy en día cuando vamos al templo, no tenemos suficiente paciencia y los pensamientos vuelven de inmediato a nuestro hogar. Hijos, cuando vayáis al templo, meditad con concentración en esa atmósfera espiritual, al menos, durante diez minutos. También sed compasivos con los pobres y con la gente que sufre, pues todo ello fomentará buenos pensamientos. Sin esto, nunca seremos capaces de lograr lo que deseamos.

Si quieres conseguir que tu estancia en el templo sea realmente beneficiosa, cuando vayas allí practica *japa* (repetición del nombre de Dios) y haz *dhyana* (meditación) adecuadamente. Sin embargo la visita a un *gurukula* (la morada de un gurú), puede resultar diferente, pues aunque no hagas demasiado esfuerzo, por la Gracia del gurú y por el poder de sus *tapas* (austeridades), puedes ser beneficiado. El gurú es un *tapasvi* (uno que está completamente absorto en Dios). Al igual que la tortuga incuba sus huevos por el poder de su pensamiento, si el gurú está simplemente pensando acerca de nuestras buenas acciones, su Gracia fluirá hacia nosotros y nos elevará espiritualmente. Un verdadero tapasvi, si lo desea puede alterar completamente nuestra estructura kármica, pero, por lo general, no lo hacen, ya que gran parte de nuestro aprendizaje y crecimiento tiene lugar al experimentar el resultado de nuestras acciones pasadas.

Los mahatmas son la fuente de un enorme poder, además de contar con la capacidad de transmitir su Gracia a los demás. Sin embargo, cuando nos referimos al templo, el primer requisito para nuestro progreso es nuestro propio esfuerzo. En los gurukulas, cuando aceptamos la palabra del gurú, nos hacemos merecedores de recibir su Gracia. En el templo, en cambio, el gurú no está presente para impartir su poder espiritual, por lo que debemos encontrar la fuerza por medio de japa y dhyana. Los *pujaris* (sacerdotes) en los templos no puede decirse, por lo general, que sean tapasvis. Una gran mayoría realiza la puja como un medio de vida, pues muchos de ellos tienen esposa e hijos que alimentar, y por tanto precisan de medios económicos. De este modo, la realización de la puja es tan solo un medio para alimentar a su familia. En esos casos no hacen la puja movidos por puro amor hacia Dios, aunque anteriormente hubieran renunciado o abandonado cualquier otra cosa. Tal vez de haber continuado así, poseerían poder espiritual, sin embargo ahora han llegado a perderlo casi por completo. Está bien que les entreguemos donativos (*dakshina*) para ayudarles en su sustento, pero no debemos creer que pueden ayudarnos en nuestra salvación, pues no es posible cuando algunos de ellos apenas poseen *shraddha* (fe) y *bhakti* (devoción). No obstante, aquellos que llevan a cabo la puja como un medio para sustentar a su familia, están sometidos a una servidumbre, por lo que no pueden salvar a otros desde la esclavitud y la miseria. Una barca anclada no puede arrastrar otra barca anclada a través del océano.

Los tapasvis, sin embargo, son diferentes. Sus mentes están libres de toda esclavitud y el poder de sus *tapas* (austeridades) puede salvar a los demás. Para recibir completamente su Gracia, debemos llegar a ser merecedores de ella, por lo que conviene seguir sus indicaciones y tener fe en ellos y en sus palabras. Las buenas acciones deben originarse inegoístamente. Sólo cuando ven que nuestro pensamiento es el correcto, nos otorgan sus bendiciones. Cuando ven nuestras buenas acciones y nuestro anhelo por Dios, nos prodigan con su Gracia.

Aunque dependas de un templo, has de tener presente que el único camino para progresar pasa a través de la *sadhana*. Cuando vayas a un templo, debes tener la paciencia de permanecer allí durante un tiempo recordando a Dios y haciendo meditación o *japa*. Solo si realizas *sadhana* puedes conseguir un cambio positivo en tu vida, siempre y cuando la lleves a cabo adecuadamente. En algunos casos la gente ha superado sus infortunios después de ir a Guruvayur o tras practicar austeridades (*tapas*), pero si lo han conseguido ha sido gracias a que esa gente ha orado sincera e incesantemente. Es posible que algunos digan: 'nosotros también fuimos a visitar Guruvayur[6] y rezamos, después fuimos a Chottanikkara[7], rezamos igualmente y, sin embargo, no ocurrió nada'. Hijos, aunque dispongamos de un generador eléctrico, es necesario encender el interruptor para que el ventilador se ponga en funcionamiento. Si no lo enciendes, no digas que no funciona

---

[6] Un templo famoso dedicado a Krishna en el estado de Kerala.

[7] Un templo famoso dedicado a Devi en el estado de Kerala.

por falta de electricidad. Igualmente si deseas recibir las bendiciones de una peregrinación, no debes limitarte a viajar, sino llevar a cabo tu sadhana y recordar a Dios con una intensa concentración. Aquellos que superaron sus dolencias se dedicaron a orar constantemente al Guruvayurappan[8], renunciando incluso al sueño. Actualmente la gente que hace una peregrinación suele alquilar una habitación en una bonita hospedería y allí consumen su tiempo contando historias de sus parientes, por lo que la peregrinación no les sirve de mucho. Cuando más tarde comprueben que no se han cumplido sus deseos, entonces culparán de su fracaso a Dios.

Hijos, imaginad que alguien conduce un coche después de emborracharse, pierde el control del vehículo, golpea a alguien que está a un lado de la carretera y le causa la muerte. Si tras la denuncia, la policía detiene al conductor

---

[8] La deidad del templo Guruvayur.

y lo lleva a la cárcel, no resultaría absurdo que el conductor declarara: 'No fue culpa mía, el accidente se debió a la mala calidad de la gasolina'. De igual manera actuamos cuando culpamos a Dios de los errores que cometemos por nuestra falta de atención. Al utilizar el fuego se puede provocar un incendio y destruir toda una vivienda, o bien se puede cocinar la comida que nos alimentará. Lo que importa en este caso es el uso correcto del fuego, pues si por un descuido una brasa llega hasta el techo y éste empieza a arder, ¿vamos a culpar al fuego, diciendo que la naturaleza del fuego es destruir todas las cosas? El fuego siempre actuará de acuerdo con el uso que hagamos de él.

Cuando vayas al templo, debes adoptar un especial sentido de entrega. Deja de lado todos los pensamientos sobre los asuntos cotidianos, y dedica todo tu tiempo a pensar en Dios. Debemos aprender a entregarnos por completo a Él, pues es nuestra única protección y nuestra única guía. Es importante que lo entendamos y lo tengamos siempre presente. Imagínate a una persona que desde una terraza llama a otra que se encuentra debajo y le dice: 'Eh, voy a bajar y nos vamos juntos'. A pesar de su certeza, ¿no cabe la posibilidad de que pueda morir súbitamente antes de llegar a la planta baja? Si así ocurriera, ¿dónde está ese 'Yo' que dijo 'voy a bajar'? Sólo en Dios podemos confiar plenamente. Únicamente Dios nos ha traído aquí y sólo Él puede salvarnos. Este sentimiento debe acompañarnos cuando vayamos al templo, a la morada de Dios. Conviene acudir a su morada con absoluta dedicación, sin pensar si debemos regresar a una u otra hora, y una vez allí, debemos dedicar, al menos, diez minutos a meditar en soledad.

Las desdichas de los adversos dasasandhis y sus remedios

Algunas enfermedades, desequilibrios emocionales, problemas conyugales, muertes accidentales y otras catástrofes, surgen normalmente durante los períodos en los que se dan determinadas conjunciones planetarias negativas, especialmente las de Marte, Saturno y Rahu, las cuales aparecen en la carta astrológica de cada persona. A lo largo de los años, Amma ha visto innumerables personas afectadas por tales adversidades y ha sentido un profundo pesar al observar el sufrimiento humano. A todos aquellos que han acudido hasta Amma, se les ha dado consejos e instrucciones a fin de aliviar sus desdichas, y se han visto rápidamente beneficiados todos los que han puesto en práctica estas recomendaciones. De igual modo, las pujas especiales de los templos Brahmasthanam están concebidas para ayudar a aquellos que sufren a causa de sus desdichas.

En muchas personas que viven bajo el dominio de una etapa negativa *dasasandhi* suele aparecer una mancha oscura sobre su nariz. Durante esas etapas, algún accidente o muerte repentina puede acaecer en su entorno familiar, ya afecte al marido, esposa, hijos, a algún pariente próximo o, incluso, a esa misma persona. En otras ocasiones, esas mismas personas puede que contraigan enfermedades irremediables. Es posible que de forma infructuosa algunos intenten eliminar la mancha oscura de su nariz mediante algún tratamiento médico. No lo conseguirán, pues la mancha puede permanecer durante doce o trece años, e incluso más tiempo. El noventa y nueve por ciento de esas personas se verá afectada por algún accidente. En algunos casos hasta es posible que la mancha no sea oscura, pudiendo pasar desapercibida. Amma ha visto a muchos sufrir las desdichas del *dasasandhi* sin apenas rastro de mancha oscura.

Hijos, estas adversidades sólo pueden ser erradicadas si nos refugiamos en Dios de modo adecuado. Los sucesos desafortunados del destino pueden ser evitados por medio de japa y *dhyana* y con la espada de la devoción puedes cortar los lazos que te tienen maniatado. Antes de la construcción del primer templo Brahmasthanam, cuando la gente que se hallaba bajo el dominio negativo de los *dasasandhis* acudía a Amma, Ella les solía otorgar un mantra del Ishta Devata de cada uno de ellos y recomendarles que lo recitaran. También les pedía que meditaran en su Ishta Devata y que hicieran algún servicio desinteresado. Amma conoce innumerables personas que siguieron sus consejos y lograron como resultado, no sólo experiencias beneficiosas, sino también evitar sus circunstancias adversas. No obstante, siempre es necesario padecer algún pequeño sufrimiento o molestia. Si un cocotero estuviera destinado a caer sobre alguien, en su lugar caería una diminuta pepita de coco. Si una persona estuviera destinada a morir, algún animal doméstico podría morir en su lugar. Esta es la gran diferencia. E incluso aunque algo pequeño pudiera sernos arrebatado, en el proceso podríamos obtener algo muchísimo más importante.

Aunque haya que padecer un pequeño *prarabdha*, el sufrimiento siempre puede aliviarse enormemente a través de oraciones, japa y dhyana. A lo largo de los últimos años, Amma ha escuchado los problemas de un gran número de personas. En cierta ocasión acudieron dos personas que habían nacido bajo la misma estrella y al mismo tiempo. Como en sus cartas astrales respectivas aparecía la posibilidad de un accidente, Amma les otorgó a ambos un mantra, les pidió que realizaran determinadas austeridades y practicaran continuamente japa. Amma también les dijo que Ella adoptaría una resolución. Uno de ellos no procedió de acuerdo con las instrucciones de Amma, por lo que tuvo que sufrir el accidente pronosticado en su carta astral. El otro practicó japa y *dhyana* de manera apropiada, evitando así el accidente. Este hecho muestra que uno mismo puede realmente liberarse del *prarabdha* por medio de japa y *dhyana*, aunque tenga que padecer una pequeña porción de *prarabdha*. El Purana dice que incluso Shiva, cuando se encarnó en una forma humana, tuvo que sufrir algo de su *prarabdha*.

En una operación quirúrgica, el cuerpo al ser intervenido sentirá algún dolor, pero no será percibido por el paciente si éste ha sido previamente anestesiado. El cuerpo de alguna manera tendrá que ser intervenido, tanto si el paciente es anestesiado como si no, pero si el paciente está bajo los efectos de la anestesia, él se verá libre del dolor. De igual modo, aunque no lo deseemos, estamos abocados a sufrir, en alguna medida, los efectos de nuestras acciones pasadas. Pero si contamos con Dios, podemos liberarnos del sufrimiento que, de otra manera, deberíamos padecer. Cuando nos hayamos entregado a Dios, el *prarabdha* podrá seguir actuando, pero no nos veremos afectados por él.

Amma decidió que los templos se construyeran especialmente preparados para determinados *kriyas* (ritos), tras observar el cambio positivo en todos aquellos que realizaron las *anushthana* (austeridades) tal como Amma había aconsejado, y al comprobar igualmente los infortunios de los que no las habían realizado. ¿Acaso no aparecen historias en los Puranas que muestran cómo la gente destinada a sufrir varias *prarabdhas*, evitaron su sufrimiento gracias a la mediación divina? Sin embargo, sólo si llevamos a cabo verdaderas austeridades, lograremos el éxito esperado, pues sólo una esforzada japa y *dhyana* pueden producir un cambio definitivo en los *prarabdhas*.

El aura que existe alrededor de nuestro cuerpo se oscurece cuando estamos bajo la influencia negativa de los planetas. Las personas que pasen por tales periodos sentirán como si caminaran por la oscuridad, serán incapaces de pensar o trabajar adecuadamente, y su mera presencia generará malestar en los demás. Pero si participan en las Pujas Grahadosha Nivarana, concebidas para erradicar las influencias negativas de los planetas, si realizan japa con concentración, su aura se volverá transparente y dorada. Serán capaces de hacer adecuadamente sus tareas y tratar a los demás de un modo afectivo y armonioso.

Los efectos de las acciones pasadas pueden ser totalmente contrarrestadas por las acciones actuales. Cuando se lanza una piedra hacia arriba, normalmente está destinada a caer en la tierra, pero ¿no podría ser atrapada en el aire? De igual manera, colocándonos en las manos de Dios y realizando un adecuado esfuerzo, podemos prevenir los sufrimientos del *prarabdha*.

Pujas congregacionales para la erradicación de las influencias negativas de los planetas

Las personas que sufren a causa de la influencia negativa de las conjunciones planetarias pueden participar en las pujas congregacionales, que se celebran semanalmente en los templos Brahmasthanam para erradicar tales influencias. Convendría que esas personas se sentaran y realizaran las pujas por sí mismos. En cada templo, los viernes por la tarde se celebra una puja para remediar el efecto negativo de Chovva (Marte), los sábados por la mañana se celebra la puja contra los efectos de Rahu, y por la tarde tiene lugar la puja para contrarrestar los efectos de Sani (Saturno). Estas son las tres principales pujas congregacionales que se realizan en los templos. El segundo domingo de cada mes, los devotos pueden participar también en la Archana Udayasthamana (el recitado de la Lalita Sahasranama desde el amanecer hasta el oscurecer). Cuando los devotos acuden a las pujas se les dan instrucciones detalladas sobre lo que se va a hacer y la manera de hacerlo.

Durante los días en los que no hay celebraciones especiales, la gente puede acudir al templo, hacer su *sadhana* y realizar su entrega a la divinidad. No existe una enseñanza general sobre qué mantra debe ser utilizado, pues los mantras se otorgan sobre una base individual, según las cualidades y el carácter del devoto. Incluso aquellos que no han recibido un mantra, pueden acudir y sentarse en meditación. Si lo desean, pueden partir un coco como ofrenda a Ganapathi. También son beneficiosas para remediar nuestras desgracias las pujas a *navagrahangal* (los nueve planetas).

No obstante, la mejor forma de culto es la meditación constante en nuestro Ishta Devata, nuestra más bienamada forma de Dios. ¿Acaso no es Él el creador del universo entero, y el que controla todos los planetas? Si queremos alcanzar la otra orilla, debemos hacer la travesía en una potente barca. Si en su lugar tomamos un barca agrietada, el agua se filtrará provocando su hundimiento. Precisamente sobre la base de esta idea Amma ha concebido la pratishta del templo, como un medio para que la gente comprenda que el Ser Supremo Único subyace en todos los nombres y formas.

Lo mejor es realizar uno mismo las pujas

El requisito más importante de las pujas congregacionales es la realización de la puja por parte del propio individuo, al igual que las ceremonias *pithrubali* (ofrendas a los antepasados). El templo es un lugar donde los devotos pueden relacionarse directamente con Dios, envueltos en un ambiente de concentración. En los templos *Brahmasthanam*, los sacerdotes celebran diariamente el culto, y a los devotos se les brinda la oportunidad de que participen en las pujas por sí mismos, siguiendo las instrucciones que se les facilita en los templos. Al ser estas pujas un tipo de meditación, es necesario practicarlas con verdadera concentración, pues sólo así resultarán beneficiosas.

Si quieres oír música en la radio, primero enciendes el transistor y a continuación sintonizas adecuadamente la emisora que prefieres escuchar. Si bien la emisora está continuamente emitiendo su programación, es posible que no llegues a oír su música, pero en ese caso sería absurdo que echaras la culpa a la emisora. Sabes que sólo cuando la emisora de radio esté bien sintonizada, puedes escuchar su música. De igual modo, cuando el sacerdote esté realizando la puja, si queremos recibir completamente la Gracia Divina, debemos fijar nuestra mente en Dios, realizar la puja y practicar japa y *dhyana* por nosotros mismos.

Hijos, si abrimos el grifo y colocamos nuestros cubos boca abajo, no recogeremos ni una gota de agua, ésta se perderá derramándose por el suelo. Si colocamos el cubo correctamente y lo llenamos de arcilla, el agua también se perderá. Nuestra mente es como ese cubo de agua. Normalmente está colocada boca abajo, alejada de Dios. El *ahamkara* (ego) es el que hace girar el cubo boca abajo e impide que recibamos la Gracia de Dios. Otras veces, el cubo de nuestra mente está lleno con la arcilla de la ira, los celos y el egoísmo, por lo que no queda espacio alguno para que entre la Gracia divina. En ambos casos, somos nosotros mismos los que causamos la pérdida de agua. Por tanto, para recibir la Gracia de Dios, es necesario que hagamos algún esfuerzo por nuestra parte.

¿Qué personas pueden convertirse en buenos pujaris?

El culto de los templos Brahmasthanam los lleva a cabo un pujari. Éste debe ser una persona con devoción y poseer una verdadera ansia por la Realización del Ser. No debería vivir dedicado exclusivamente a su familia, sino más bien dedicarse por entero al bienestar del mundo y a la prosperidad de toda su familia universal. Solo entonces será capaz de incrementar el poder divino que contiene la imagen del templo. El templo debe convertirse en un lugar vivo, que irradie poder espiritual con el fin de beneficiar a todos aquellos que acuden a él. Si el sacerdote es un verdadero sadhak, el templo se llenará de buenas vibraciones; pero si el pujari no es un verdadero amante de Dios, entonces ni siquiera las flores que recibimos como prasad en ese templo se diferenciarán de las que podemos adquirir en cualquier floristería. Únicamente cuando el

pujari realiza la archana con devoción y concentración, puede considerar su trabajo como una verdadera práctica espiritual. En ese caso, su práctica tiene poder y, en consecuencia, el lugar donde se coloquen las flores ofrecidas durante el culto, así como toda la atmósfera de su alrededor vibrarán con auténtica energía espiritual. Aquellos que hayan acudido allí, lograrán beneficiarse adecuadamente. No obstante, tened presente que no sólo los pujaris, sino también los devotos deberían realizar su *sadhana* con atenta y resuelta devoción.

¿Quien puede colocar la imagen sagrada?

La persona que coloca la imagen sagrada debe ser un tapasvi. En la antigüedad, las imágenes eran colocadas por los mahatmas. Del mismo modo que un mahatma infunde poder espiritual en el mantra del discípulo durante la ceremonia de iniciación, cuando se coloca la imagen sagrada en el templo, un mahatma debe infundirle *chaitanya* (vibrante poder espiritual). Sólo si se realiza así, podrá acrecentarse la chaitanya interior que posee la imagen cuando hagamos nuestras prácticas espirituales. Si una pequeña cantidad de suero se le añade a la leche, ésta se transformará en yogur, pero nada sucederá si sólo añadimos leche a la leche. Por tanto, la energía vital debe ser transferida a la imagen por un mahatma, pues sólo así tendrá shakti y podrá la chaitanya continuar creciendo mediante las celebraciones de la puja.

La atmósfera circundante debe ser purificada antes de colocar la imagen

Antes de situar la imagen, los alrededores del templo deben ser purificados. Ese es el motivo por el que Amma pide a un gran número de devotos que reciten repetidamente el archana en la zona que ocupa el templo, antes de que se lleve a cabo la colocación de la imagen. Con anterioridad a la celebración de las archanas, esa misma área ha estado sometida a otro tipo de vibraciones, por tanto conviene que sea purificado, mediante el poder del mantra, a fin de que las únicas vibraciones que permanezcan en el lugar sean las dedicadas a la deidad. Cuando el poder del mantra se incrementa , alcanzando un cierto nivel, cualquier energía negativa dentro del área queda anulada.

Si queremos que las plantas de arroz se desarrollen adecuadamente, debemos arrancar todas las malas hierbas que crezcan a su alrededor cuando la planta todavía es joven, pero una vez que la planta se ha desarrollado fuerte y los granos de arroz han aparecido, no debemos preocuparnos por las malas hierbas. Cuando han alcanzado ese grado de desarrollo, las malas hierbas ya no pueden hacerles ningún daño. De igual manera, antes de colocar la imagen en el templo, habrá que eliminar la sutil contaminación del ambiente con el poder de los mantras y conseguir incrementar la energía divina de ese lugar. Una vez que el shakti ha alcanzado un cierto nivel de intensidad, las vibraciones impuras de este mundo ya no podrán afectar al templo lo más mínimo. Esta es la razón por la que Amma congrega a un gran número de devotos para realizar la archana en el área del templo, previamente a la instalación de la imagen. Además, las flores ofrecidas durante la archana son enterradas en el *sanctum sanctorum*, sobre el que se coloca directamente la pratishta. De esa manera queda emplazada la imagen en una tierra que está cargada de gran poder mántrico.

Las tradiciones del templo y la caridad

Algunos se preguntan: '¿por qué debemos ayudar económicamente al templo? ¿Acaso necesita Dios dinero?' Hijos, cuando la mente está apegada a algo y ofrecemos ese algo a Dios, estamos ofreciendo nuestra mente a Dios. En nuestra época, las mentes de casi todas las personas están apegadas al dinero. Por tanto, si ofrecen su dinero a Dios, están utilizando el medio adecuado para ofrecer sus mentes a Él. Este es el principio que subyace en la donación de dinero como ofrenda. En el mundo actual, la ambición ha alcanzado tal nivel que muchos hombres se casan sin importarles su relación afectiva con la novia, sólo parece preocuparles la cuantía de la dote que van a recibir. Demuestran así que aman más al dinero que a la persona con la que se van a casar. Si en una familia, la madre yace moribunda, los hijos y las hijas en lugar de interesarse por su recuperación, se dedican a contar el número de cocoteros que les corresponde de la tierra que van a heredar. Si uno de los hijos comprueba que su parte es más pequeña que la de los otros, puede llegar incluso a desear la muerte de su madre. Tal es nuestro mundo actual. Esta desmesurada ansia de dinero induce al ser humano a cometer todo tipo de delitos y malas acciones. Conviene por tanto purificar la mente de su apego por el dinero y ofrecer, en consecuencia, nuestras riquezas a Dios. Si ofrecemos nuestra envenenada mente a Dios, Él nos la devolverá purificada. Sólo entonces la lámpara de la paz empezará a brillar en nuestras vidas. Dios no precisa en absoluto de dinero, y decir que Dios necesita dinero, es como si dijéramos que el sol necesita una vela para iluminar su camino.

Al donar dinero al templo también se consiguen otros beneficios, pues el templo puede propiciar numerosas actividades y obras de caridad. Ese dinero también puede ser destinado a la publicación de libros espirituales y actividades que incrementen la devoción y la formación espiritual de las personas. Por tanto, el dinero que se dona al templo permitirá el desarrollo de toda la sociedad y, al mismo tiempo, posibilitará que la mente de los donantes sea mucho más expansiva.

Una mente racionalista podría preguntarse: '¿por qué se ofrecen dulces y pasteles a las deidades del templo, cuando los pobres todavía están pasando hambre? Hijos, después de ofrecer estos alimentos, ¿quién se los come? ¿No es acaso la gente? Cuando ofrecemos algo a Dios con devoción, nuestra mente es elevada, y al comer el alimento que le ha sido ofrecido a Dios, repleto de vibraciones de los mantras divinos, nuestro cuerpo y nuestra mente son purificados. Las ofrendas que hacemos en los templos se hacen para nuestro beneficio, y no el de Dios. ¿Qué podemos ofrecer a Dios, que es omnisciente y omnipotente? Deberíamos descartar la creencia de que ofrecemos algo a Dios para su beneficio y, en su lugar, deberíamos sentir que Dios es nuestro protector. Sólo entonces podemos crecer. No somos nosotros los que estamos protegiendo a Dios, sino al contrario, es Él quien nos protege.

Las *tapas* y la *sadhana* de aquellos que no tienen un sentido de la acción correcta (*dharma*), es como la leche que se vierte dentro de un recipiente sucio. La leche pronto se estropeará. Si nuestra mente está llena de egoísmo, aunque Dios nos prodigue con su Gracia, no seremos capaces de recibirla. No obstante, la plegaria combinada con la caridad puede elevar a una persona directamente hasta el estado supremo. Sólo si tenemos compasión por el sufrimiento, seremos dignos de recibir la Gracia de Dios. Actualmente, si la gente ve a un mendigo de camino al templo, no vacilará en darle un puntapié y decirle '¡eh, tú, fuera de aquí!' Hijos, si en cambio mostramos amabilidad hacia el pobre mendigo, eso será realmente bhakti, pues la compasión hacia los pobres es nuestro deber para con Dios. Deberíamos ver a los demás como formas de la Divinidad. Esa es la devoción real, la verdadera sabiduría. Sólo aquellos que piensan y actúan de acuerdo con este principio, serán capaces de cultivar una mente pura. Sin ella nunca podrían alcanzar el último estadio espiritual.

Algunos se plantean, ¿por qué gastar dinero en guirnaldas de flores para colocarlas sobre la deidad? ¿No resulta carente de sentido? Hijos, muchas familias se ganan su sustento vendiendo las flores y las guirnaldas, que los devotos ofrecen en el templo. Aquel que ha cultivado las flores recibe dinero al venderlas y el que ha elaborado las guirnaldas también obtiene dinero. Cuando otros comprueban que las flores pueden convertirse en una fuente viable de ingresos, también empiezan a dedicarse al cultivo de plantas. Este hecho contribuye a preservar y cuidar la naturaleza. Además, la persona que compra la guirnalda y la ofrece en el templo se siente satisfecho, de modo que su devoción hacia Dios puede afianzarse y crecer.

Al cultivar plantas florales en el *kavu* (espacio junto al templo en el que crecen árboles, arbustos y enredaderas) y al emplear las flores para las pujas, estamos ayudando a que todas esas plantas sobrevivan y florezcan. Muchos templos tienen algún tipo de kavu, y en algunos hay estanques que facilitan la vida de reptiles y pájaros. Al proteger estas áreas, estamos protegiendo a toda la naturaleza. En el pasado, temiendo la cólera de Dios, la gente no se atrevía a tocar las plantas por miedo a causarles algún daño. Hoy, sin embargo, la gente no vacila en destruir bosques enteros, a pesar de poseer un mayor nivel de conocimientos y ser, por tanto, conscientes de la necesidad de proteger la naturaleza. Lo que les mueve es puro egoísmo. En épocas pasadas, la creencia en los templos y en las prácticas religiosas prevenía este tipo de egoísmo tan enraizado en la gente. En realidad, cada práctica relacionada con el culto del templo está directamente vinculada con la naturaleza. Si las analizamos cuidadosamente, veremos que gracias a estas prácticas la naturaleza está siendo protegida.

Dios es la personificación de la compasión, nos ha dotado de todo lo que necesitamos y ha creado todas las cosas animadas e inanimadas. Él nos ha dado el reluciente sol y la lluvia en perfectas proporciones. Él ha creado las plantas para proveernos de todos los alimentos necesarios, y aunque ellas se sacrifican constantemente por nosotros, ¿qué les damos a cambio? Les damos el aire contaminado de nuestro egoísmo. Un ser humano egoísta poluciona la naturaleza con las perjudiciales vibraciones provenientes de su ira, de su envidia y de sus celos. Y por si esto fuera poco, no dudará en talar árboles, destruir plantas o matar animales. En general, la naturaleza sólo recibe el daño que le causa el hombre. En cambio, el entorno saludable del templo ayuda a limpiar la contaminada atmósfera. Las vibraciones de los que realizan plegarias, japa y *dhyana* se elevan desde el templo y ayudan a purificar la naturaleza. El humo que se eleva desde las sagradas lámparas de aceite y desde el *homakundam* (fuegos de las ofrendas) purifican realmente el medio ambiente y ayudan, además, a prevenir la contaminación de la naturaleza.

Si examinamos la función que cumplen los templos en nuestra sociedad, los podemos considerar como una panacea que cura todos los males, una panacea divina que puede remediar las muchas enfermedades de nuestra sociedad actual.

Un apunte sobre el sendero

Algunas personas se preguntan: '¿Qué sentido tiene adorar la deidad de un templo? ¿No debería ser el escultor que grabó la imagen el que debería adorarla?' Hijos, cuando vemos un cuadro con el retrato de nuestro padre, ¿recordamos al artista o recordamos a nuestro padre? Desde luego es a nuestro padre a quien recordamos. De igual modo, las imágenes sagradas nos ayudan a recordar a Dios. Cuando vemos una manzana hecha de cera, ¿acaso no nos trae a la memoria una manzana real? Al mostrar a los niños dibujos de un loro o de una paloma, les decimos 'Este es un loro y esta es una paloma' Cuando crezcan, serán capaces de comprender, sin que se les tenga que mostrar los dibujos. De modo parecido, los templos y las imágenes sagradas son útiles para ayudarnos a entender y desarrollar nuestra verdadera identidad, es decir el Atman. Una vez que hayamos despertado a nuestro verdadero Ser Divino, ya no precisaremos realizar la adoración en un templo.

Hijos, vuestra meta debe ser la Realización de Dios, y el templo es una ayuda para alcanzar dicha meta. Para un sadhak que sea un verdadero tapasvi, los templos ya no son necesarios, pero para el resto de la gente el templo es un escalón esencial, pues sus mentes precisan el culto de los templos a fin de lograr su desarrollo espiritual.

Antiguamente, los templos no eran necesarios. Entonces, el templo estaba dentro del corazón y los bosques quedaban fuera. Hoy, verdaderos bosques de pensamientos y deseos destructivos ahogan nuestra mente, mientras que los templos se mantienen fuera. Hijos míos, Dios mora dentro de nuestro corazón. Él debería ser adorado allí con inocente amor. El gozoso Señor está dentro de nuestro Ser, impregnándolo todo. Tenemos que ser capaces de ver al Señor en cualquier lugar y en todos los objetos animados e inanimados, y como formas de Dios deberíamos reverenciarlas y servirlas con amor.

La práctica religiosa vinculada a los templos ha sobrevivido durante innumerables generaciones, por lo que no puede ser suprimida de golpe. De hecho, el culto correcto en los templos está adquiriendo cada vez mayor relevancia en nuestra sociedad, pues por medio de ellos se nutre la enseñanza y la práctica espiritual de la gente a fin de orientarla por el buen camino. Los templos siguen siendo una parte esencial de nuestra vida, y cualquier intento de desaparición o destrucción resultará tan inútil como intentar vaciar de agua el mar.

Relatos

ananyas chintayanto manye
janaha paryupasatetesham
nityabhiyuktanamyoga-kshemam
vahamyaham

"Aquellos que sólo sean devotos míos
y que constantemente se dediquen
a adorarme, a esos devotos fieles,
Yo aseguro proveerlos de aquello
que necesitan y conservarles
aquello que ya tienen."

—Bhagavad Gita

En toda encarnada existencia, el *prarabdha* tendrá que ser experimentado. Esa es la ley de la naturaleza y el principio de la espiritualidad. También las divinas encarnaciones están sometidas al *prarabdha*, con el fin de enseñar esta verdad al mundo.

Por tanto, es posible reducir considerablemente el grado de nuestro sufrimiento por medio de una sincera entrega a Dios. El Señor que mora dentro no puede hacer oídos sordos a un alma que suplica con un corazón abierto. Existen innumerables ejemplos de personas que han logrado aliviar los sufrimientos de sus vidas y han evitado las adversidades anunciadas en sus cartas astrales, gracias a haber recitado llenos de fe el mantra que Amma les había dado, y también al cumplir las austeridades de acuerdo con las recomendaciones de Amma. A continuación se detallan algunas de estas historias.

Sarasamma vivía con su esposo e hijos en Karunagappally, una pequeña villa al sur de Amritapuri. Llevaban una feliz y apacible vida familiar, cuando se vieron sorprendidos por un desafortunado incidente. Perdieron todos sus ahorros, sus propiedades e incluso la casa en la que estaban viviendo, y no tuvieron más remedio que depender de la generosidad de los otros para poder alimentarse.

Fue en estas circunstancias cuando oyeron hablar de la Divina Madre. Acudieron a visitarla y después de refugiarse a Sus pies, todas las adversidades a las que habían hecho frente, fueron desapareciendo gradualmente. De esta manera, la fe de Sarasamma en la Divina Madre llegó a ser inquebrantable.

En algunas ocasiones, Amma les advertía sobre posibles accidentes domésticos que estaban destinados a sucederles, aconsejándoles que recitaran un mantra en particular y que observaran voto de silencio y ayuno durante algún día determinado. Aunque Amma les avisaba cada cierto tiempo sobre posibles riesgos, sin embargo sólo se presentó un pequeño infortunio. Cuando sucedió, Sarasamma tuvo la certeza de que la Gracia de Amma les había librado de una desgracia mucho mayor. Un día, cuando Sarasamma acudió al ashram, Amma le dijo: "Hija, la Madre ve una muerte que se acerca a tu entorno familiar. No dejes de hacer tu voto de silencio. Reza sinceramente a Dios y no te preocupes, pues la Madre está siempre contigo. "Aunque Sarasamma quedó perpleja por la afirmación de Amma, su fe permaneció imperturbable. Un par de días más tarde, la hija mayor de Sarasamma fue atacada por una serpiente venenosa y Sarasamma decidió llevarla inmediatamente al ashram de Amma. Cuando llegaron, el cuerpo de la muchacha se había vuelto completamente azulado, y una fina mucosidad salía por su boca. Parecía como si fuera a dar su último suspiro. Los devotos intentaron consolar a Sarasamma, que permanecía sentada junto a su hija y no dejaba de llorar. Amma que se encontraba dando Devi Bhava Darsham, dio instrucciones para que la muchacha permaneciera aquella noche en el ashram. Algunos devotos llevaron a la muchacha a una habitación y la tendieron sobre un colchón. Sarasamma permaneció junto a ella durante toda la noche.

A la mañana siguiente nada había cambiado, la muchacha parecía debatirse entre la vida y la muerte. Sarasamma, rodeada por un grupo de devotos, estaba preocupadísima, casi a punto de sufrir un colapso. Pero su gran fe en la protección de Amma le permitía reunir internamente algunas fuerzas y mantener la esperanza.

De pronto, una gran cobra se deslizó por la habitación y se dirigió directamente hacia la hija de Sarasamma. Los devotos empezaron a sentir temor y a gritar: "¡Una serpiente, una serpiente!". Al oír estos gritos, la muchacha abrió sus ojos, y al observar a la serpiente con su capucha levantada, su cuerpo dio una tremenda sacudida, provocando que se incorporara de golpe. Entonces la serpiente dio media vuelta y deslizándose abandonó el edificio. Para asombro de todos, al cabo de unos pocos minutos, desaparecieron del cuerpo de la joven todos los síntomas propios de una mordedura de serpiente. Finalmente, consiguió restablecerse por completo. Cuando poco después, Amma entró en la habitación preguntando cómo se encontraba la muchacha, Sarasamama y su hija se postraron desbordantes de gratitud y devoción ante la Divina Madre.

Posteriormente, y dada la insistencia de sus familiares, Sarasamma fue a ver a un famoso astrólogo. Sin precisar que la persona sobre la que preguntaba era su hija, le dio los detalles del momento y lugar del nacimiento de su hija, y le pidió que le informara sobre el futuro de esa persona. Después de realizar detallados cálculos, el astrólogo dijo con gran convicción, "Esa persona ha fallecido recientemente a causa de un envenenamiento." Sarasamma le replico, "No, esa es la carta astral de mi hija, y ella está todavía viva." El astrólogo que tenía una gran fe en su ciencia y en su habilidad, no podía creer las palabras de Sarasamma. Permaneció pensativo por un momento, hizo nuevos cálculos y afirmó, "Es seguro que estaba destinada a morir a causa de una mordedura de serpiente. Si aún sigue viva, entonces se debe a una maravillosa y especial bendición de Dios."

Sarasamma encontró más tarde la carta astral que había sido elaborada durante la infancia de su hija, en él se vaticinaba que su hija moriría por envenenamiento cuando tuviera 19 años. Esa era precisamente la edad de su hija en el momento de ser atacada por la serpiente. Tal como dice Sarasamma, "Solamente la ilimitada compasión de Amma la ha salvado. La Madre Divina es nuestra única protección".

Debemos tener en cuenta el especial cuidado que puso Sarasamma para cumplir con todas las austeridades recomendadas por Amma, haciéndose así merecedora de recibir el sankalpa de Amma que protegía a toda su familia. Para recibir las bendiciones de Dios, debemos convertirnos en dignos receptáculos para recibir su Gracia.

La siguiente historia se puede considerar como una reminiscencia de la antigua historia de Satyavan y Savitri, en la que los sacrificios de la esposa permitieron salvar al marido de las garras de la muerte. Un día una mujer devota de la villa de Thazhava vino al ashram, y le contó a Amma que temía por la vida de su esposo. Su marido había recibido una carta astral incompleta, que ponía fin a sus esperanzas de vida en mitad del camino, y además coincidía con un periodo muy desfavorable. Por si fuera poco, la carta astral de la esposa anunciaba también que ella sufriría a causa de su marido durante esa misma época. ¿Qué podría causar más dolor que estos malos augurios en una devota esposa?

Amma le dio a la mujer un mantra y le pidió que realizara votos de austeridad durante una semana. También le aconsejó que comprara una vaca y la cuidara. La mujer obedeció las instrucciones de Amma llena de fe.

Un día cuando la mujer vino al darshan, Amma le dijo, "Hija, no rompas tu voto. Alguna muerte puede tener lugar en el tiempo indicado en el que se interrumpe la carta astral de tu esposo. Deberías rezar sinceramente y refugiarte en Dios."

Aceptando las palabras de Amma de todo corazón, la mujer aumentó la duración de su sadhana diaria, y de igual modo la intensidad de sus plegarias. No pasó un solo día sin que derramara lágrimas ante la foto de Amma. Cierto día, cuando salió de casa para desatar a la vaca, se sorprendió al ver que yacía muerta sobre el suelo. Hacía tan sólo un momento que le había dado de beber y su apariencia era la de estar perfectamente bien de salud. Al aceptar con una profunda fe las palabras de Amma, la mujer comprendió sinceramente que la anunciada muerte de su marido había sido transferida a la vaca.

Aquella noche, cuando su esposo volvió a casa, observó que tenía un rasguño en su pierna y le preguntó si había tenido algún accidente. Él respondió, "Mientras bajaba por la carretera, una bicicleta me golpeó por la espalda, me caí y me hice un rasguño en la pierna y algunas magulladuras en la mano". La mujer sintió claramente que, por la Gracia de Amma, lo que estaba destinado a convertirse en un accidente fatal, había quedado reducido a un simple rasguño y unas pocas magulladuras. La vida de su esposo se había salvado. Este ejemplo nos muestra que incluso la muerte puede ser evitada por medio de una devoción inquebrantable a Dios y por un estricto cumplimiento del sacrificio.

Sri Kuttappan Nai era un nativo de Cheppad que había sido devoto de Amma durante muchos años. Un día cuando llegó al ashram para el darshan, Amma le dijo, "hijo, esta es una época muy mala para ti, en tu futuro inmediato se vislumbran algunos accidentes. Amma te dará un mantra especial. Repite ese mantra y observa voto de silencio cada sábado, de ahora en adelante. Si retrasas el cumplimiento de ese voto, algunos accidentes pueden llegar a ocurrir en tu casa.

Según su carta astral, estaba atravesando el final del periodo denominado Kandaka Shani, el tiempo durante el cual un individuo debe padecer abundantes y dolorosas experiencias. Desafortunadamente, no cumplió con su voto de silencio el primer sábado, y aquel mismo día un pequeño perro murió en su casa. El siguiente sábado tampoco lo puso en práctica, y un ternero, el animal favorito de la familia, murió repentinamente. Al comprobar la exactitud de la predicción de Amma, decidió iniciar el sábado siguiente el voto de silencio, por lo que ya no acontecieron otras muertes en su hogar.

Otro sábado, sin embargo, Sri Nair rompió su voto de silencio sin darse cuenta, y al poco rato aconteció un accidente. Mientras usaba un cuchillo para cortar la corteza de un árbol, el cuchillo rebotó desde el tronco del árbol hacia atrás y le provocó un profundo corte en la frente. Tuvo suerte de que el corte se produjera ligeramente ladeado sobre la frente, pues de otro modo hubiera perdido un ojo. Al darse cuenta de la importancia que tenía el cumplir estrictamente su voto de silencio, puso gran empeño en observarlo a partir de aquel día.

Después de superar este periodo poco propicio de su carta astral, le preguntó a Amma: "¿Debo continuar todavía con el voto? ¿Han sido ya vencidos todos los malos karmas?" Amma le contestó, "Hijo, imagina que en una habitación se enciende una barra de incienso de sándalo. Incluso después de que el incienso se haya transformado en ceniza, la fragancia persistirá durante largo tiempo. De igual modo, los efectos del período de la Kandaka Shani pueden permanecer durante largo tiempo. No concluyas tu voto, pensando que los malos tiempos ya han pasado. La continuidad del voto te beneficiará.

Sri. Nair sigue observando su voto hoy en día, y aunque lo inició para contrarrestar los efectos de un período astrológico desfavorable, lo sigue realizando como parte de su progreso en las prácticas espirituales. Esta es la meta verdadera de Amma: incrementar nuestra devoción y dedicación a Dios. Sus ojos están siempre puestos en el progreso espiritual de sus hijos.

Kunnjama reside en Kayamkulam, a doce kilómetros del ashram de Amma. Un par de años antes acudía asiduamente a visitar a la Divina Madre. El esposo de Kunjamma murió repentinamente, tal como vaticinaba su carta astral. Al comprobar la certeza de esta predicción, Kunjamma comenzó a tener una gran fe en la astrología. Tras la muerte de su marido, llevó una vida apenada, que se tornó más apesadumbrada cuando comprobó descorazonadamente que la carta astral de su hijo vaticinaba una muerte prematura, a los veintitrés años de edad, provocada por la mordedura de una serpiente. También comprobó que su propia carta astral indicaba que ella sufriría a causa de su hijo por esa misma época. Kunjama estuvo a punto de perder la razón, pues no sabía cómo salvar a su hijo del cruel destino que se le auguraba. Finalmente, acudió a la Divina Madre e imploró refugio a sus pies. Amma la consoló, diciéndole, "No te preocupes, hija. Amma te dará un mantra para que lo recites diariamente. Una vez a la semana, observa un voto de silencio para beneficio de tu hijo. Los votos que llevan a cabo las madres para sus hijos, tienen un extraordinario poder. La muerte de tu hijo será transferida a uno de tus animales domésticos. Quédate tranquila".

Kunjamma no quedó del todo convencida con las palabras de Amma, pues había tenido frecuentes sueños en los que su hijo era atacado por una serpiente y vivía en constante ansiedad preocupada por su suerte.

Después de la muerte de su marido, Kunjamma había criado un perro para guardar la casa. Un día oyó cómo el perro gruñía y ladraba ferozmente enfrente de la casa. Abriendo la puerta, vio como el perro luchaba contra una gran serpiente. Temerosa por la terrible señal, cerró inmediatamente la puerta. Tras un par de minutos, el ruido fue disminuyendo paulatinamente. Cuando Kunjamma finalmente se atrevió a abrir la puerta, encontró que tanto el perro como la serpiente yacían muertos.

Aunque se entristeció por la muerte de su perro, Kunjamma recordó entonces las palabras de Amma respecto a la posibilidad de que la muerte de su hijo fuera transferida a uno de sus animales domésticos. Al percatarse de que la muerte del perro había tenido lugar justo en el momento en que se vaticinaba la muerte de su hijo, Kunjamma saludó mentalmente a la Madre Divina, llena de amor y de reverencia. El hijo de Kunjamma vive todavía y lleva una vida feliz.

Mohanan, un nativo de Kollam, había pasado durante su vida por muchas circunstancias adversas, lo que le había provocado una tensión mental crónica. Ante esta situación, empezó a despreciar su existencia y a pensar persistentemente: "De algún modo, debo poner fin a mi vida". Aunque intentó suicidarse numerosas veces, no tuvo éxito.

Según la carta astral de Mohanan, su vida acabaría a la edad de veintiséis años. También las cartas astrales de su madre y hermanos señalaban que él sería una causa de dolor para ellos, por esa misma época. A fin de contrarrestar esa predicción de muerte prematura, Amma aconsejó a su madre que practicara un voto de austeridad.

Cuando tenía veintiséis años, Mohanan trabajaba en una planta de hielo en Shaktikulangara, cerca de Kollam, a unos 30 kilómetros desde el ashram de la Divina Madre. Un día su tensión mental creció hasta tal punto que intentó de nuevo quitarse la vida. Cuando los otros empleados abandonaron la factoría, se colgó en un cable de alta tensión que suministraba electricidad a la fábrica, pero justo en aquel momento se produjo una caída de tensión y todas las máquinas se pararon. A continuación uno de los devotos de Amma entró en la planta, y acercándose a él le dijo:

"Amma me ha pedido que viniera aquí y te localizara." Mohanan inclinó su cabeza ante la omnisciencia y la profunda compasión de Amma.

Han transcurrido muchos años desde que ocurrió este incidente y desde entonces, Mohanan no ha vuelto a tener deseos de poner fin a su vida. Él y su madre creen firmemente que fue únicamente la Gracia de Amma la que prolongó el periodo su vida.

Om Namah Shivaya!

www.ingramcontent.com/pod-product-compliance
Lightning Source LLC
Chambersburg PA
CBHW070624050426
42450CB00011B/3117